물의 발자국을 읽는다

지혜사랑 324

물의 발자국을 읽는다

하주자 시집

시인의 말

내게서 사라진 많은 것들과
작별한다

멀구슬 나무 아래
텅 비어 있기를

2025년 늦가을
하주자

차례

시인의 말 — 5

1부

보름고망 — 12
멸실滅失의 시간 — 14
물의 발자국 — 15
즐거운 나의 집 — 16
두원 마을 이장님 밀농사弄事 — 17
틈 — 20
적매화 피다 — 21
인생은 가끔 삼천포 — 22
봄물 오른 목단 — 24
먼 집 — 26
끝물 — 27
뒤꼍이 붉다 — 28
가볍고 흰 — 30
오독 — 32
그림자 — 33

2부

사막여우와 의자	36
이별의 방식	38
빈 의자	39
가끔은, 그러하다	40
동안거冬安居	41
뒤집기 어려운 날	42
적막을 옮기다 — 공재 윤두서 자화상 앞에서	44
텅·빈·길 — 모딜리아니 몽파르나스의 전설	46
섣달, 삭힌 반데기는	47
봄 벚꽃 그리고 너	48
여름 끝에 서다	49
꽃의 행방	50
낮달이 분꽃에게	51
안녕, 사라진 날개	52

3부

봄, 한나절 잘 놀았습니다 — 56

꽃의 그림자 — 57

월식 — 58

토란 밭에 한 송이 연꽃이 — 59

봄날 — 60

죽방렴 — 61

한계령 — 62

오천항 공무도하가 — 64

구강포의 밤 — 65

새의 발바닥에 노을이 — 66

연기암 간다 — 67

우포늪 — 68

날개를 묻다 — 69

봄은 미열 — 70

오늘도 스물 하나 — 71

나비, 꿈속에 들다 — 72

4부

수몰	76
삼거리 능수버들	77
쿨한 김여사	78
아악목	82
점·점·점에서	84
꽃 기별	86
뭇별에 길을 잃다	87
콩 고르는 아버지	88
알알이 박힌다는 것은	90
거미, 집을 기워야 해	92
가을 밥상	94
달빛 안부	95
배롱꽃 지면	96
둥그런 말	97
청개구리 카일	98

해설 | 이승희
오래된 미래의 시간을 걸어가는 ——— 101

- **일러두기**
  페이지의 첫줄이 연과 연 사이의 띄어쓰기 줄에 해당할 경우 >로 표시합니다.

1부

보름고망*

섭지등대에서 만난 칠월 장맛비
요동치는 파도 바위에 부딪힐 때마다
숭숭 뚫린 바위 속에 스러진다
초지에 서 있는 말 두 마리
젖은 갈기 훑고 가는 바람도
검은 돌담 틈바구니로
휘이잉 흩어진다
젖은 등줄기 털어내지 않고
고개 숙인 채 무연할 수 있는
침묵처럼 서 있을 수 있는

보름고망이라 한다

바람구멍을 담아 온 후
곰솥 밑바닥으로 달궈질 때마다
망아지처럼 뛰지 않은 것은
마음에 들고 나는 길을 내 준 것
용암 끓던 시간 흘러들고
자책도 바람으로 지나가는
보름고망이 있다는 말

사는 일은 내 안에 울퉁불퉁 길을 내고

스스로 공명하는 검은 현무암이 되어 가는

* 바람구멍, 제주도 방언

멸실滅失의 시간

　가마솥 연기로 그을음 덧입혀진 서까래는 새까맣다 부뚜막 안 촘촘한 거미줄이 생산을 끝낸 빈 자궁처럼 냉하다 벽 틈으로 보이는 맨드라미 붉은 주름 캄캄한 경도 끝에 있었을 식구들의 밥상, 산기처럼 아랫배가 돌고 아슴아슴 시장기가 동한다 반쯤 찢긴 벽지로 남아있는 신문의 〈수출대국〉 헤드라인 한 줄 그럼에도 안녕하지 못하고 뿔뿔이 흩어진 식솔 방주인은 여전히 부재중이다 가임의 시간을 지난 허물어진 아궁이와 아귀 뒤틀린 대들보가 주저앉는 지붕을 가까스로 떠받치고 있다

　애쓴 흔적이다
　밥 지은 내력이 완고하다

물의 발자국

누가 물의 흔적을 이렇듯 잘 포개 놓았나

한 겹도 겹치지 않은
규화목 옹이 흔적이 선명하다
기억 지층마다 돋을새김이다

설레는 고백이거나 기쁨의 무늬
돌이킬 수 없는 저녁 쓸쓸한 그림자
마음 속 파도까지 켜켜이 새겨진
화석 가득한 섬

격렬한 날들이 지나간 퇴적층일수록
선명하다는 파도의 결

용암처럼 뜨거운 화인도
층층 결이 될까
얼마나 깊고 긴 호흡으로 다듬어야
물결자국 선연한 연흔이 되는가

지상에서는 사라졌으나 아직도 뚜렷한
시간을 받아 새긴 경전 한 편

물의 발자국들 저물도록 읽는다

즐거운 나의 집

마한 반남고분군 독널을 보고 온 후
가끔 깊은 독널 속에 눕는다

죽음을 슬퍼하는 마음이
청동거울과 비취빛 곡옥을 넣었으리
무덤방에서 거울을 보고
되살아오는 것 꿈꿨을까
죽음 안에서 간택되는 사람들
애첩이었으므로, 시종이었으므로, 호위무사였으므로

나는 당신을 껴묻고, 당신은 나를 껴묻는다
나비였거나 꽃이었거나 굴욕이었거나 치욕이었던 순간들
부장품 목록을 색인한다
매일 몸으로 새겨 넣는 죽음의 흔적

되살아오는 꿈을 꾸는 방

유월의 장미가 담벼락을 넘어 만발할 때
곡은 노래가 되어 되울리지
부장이 되기까지는 아득한 길

독널은 즐거운 나의 집

두원 마을 이장님 밀농사 弄事

워야, 한 오십 마지기만 갈믄 돈 천마넌 금방 될 것이여 전량 수매에 수맷가도 쏠쏠한 것이 밀이란 말시 조합에 가니 살짝 귀띔을 줬다 눈 뜨면 웰빙이니 국산밀 괜찮겠다 싶어 서둘러 밀 종자를 구했다 노랗게 출렁일 밀을 떠올리면 밀가루 반죽마냥 웃음이 쑥 밀렸다 오십 마지기에 파종을 마치고 삼거리 구판장에 벌린 술판 갈동 양반 진뫼 양반 지나가던 범바위골 아재까지 다 불러들여

수확만 하믄 돈 천마넌이랑께

목청을 돋았다 올 농사 밑천은 영농자금 안 트고 할 수 있겠고 딸년 대학 등록금 톡톡하게 한 몫 안 떨어지겠는가 생각만으로도 사는 것이 밀가루처럼 보들보들해졌다 술잔에는 쿵짜라쿵짜네박자속에 술이 흘러 넘쳤다

파종 한지 얼마 되지 않아 눈이 내렸다 자고로 밀 보리는 추워야 쓰제 완마, 밀 종자 제대로 눌러 주네 밟을 필요 없겠는디 뗏국물 누른 나무탁자에 맥주병 올려놓을 때마다 쏟아지는 눈 속으로 뚜껑이 퐁퐁 튕겨 나왔다 그날 거푸 마신 술에 이장님이 제대로 눌렸다 뒤통수에 꽂힌 마누라 눈질처럼 눈은 뭉텅뭉텅 쌓이고 퍼붓는 눈이 움돋을 두둑까지 통째로 내리누르자

>
　빌어먹을, 눈에 처눌려서 싹 대가리도 못 나오것는디

　급해진 마음에 퍽퍽 삽질을 해댔다
　영하 십도 칼바람도 들이마시면 뜨거워져 혓바닥이 쏙 나오는 천불 돌멩이처럼 굳은 눈은 녹았다 얼었다만 할 뿐 숨구멍을 열어주지 않았다 지가 본전은 하겠지 수맻가 안 나오믄 제분기 들여서 밀가루 맹길아불제 까짓것 안 긍가 다들 들자고 잉, 쨍 술잔을 부딪쳤다 삼월이 다 지나가도록 눈 쌓인 누리팅팅한 들판엔 거품만 포골포골 일었다

　환장하겄네
　모내기와 막바지 보리타작으로 바쁜 유월 트랙터를 몰고 나타난 이장님 까시라기 박힌 손에 다시 맥주병이 들렸다 그 잡것들 말을 내가 안 들었어야 쓴디 지랄 맞게 왜 하라는 대로 했는지 몰것당께 벌컥 들이마신 술이 갈라진 논바닥에 물 들어가듯 술술 목울대를 꿀럭이며 잘도 들어갔다 모가지가 심이 있어야 기계가 말아올릴 거 아니여 마누라 앞에서 내 것맨키로 통 심이 없으니 서 마지기 털고 난께 울화통이 터져 못하것구만 네미,

　그날 두원마을 이장님
　트랙터에 탈곡기 대신 로터리를 채우고 들들들들 논을

갈아엎었다 뉘엿뉘엿 지는 해가 무논 개구리 와랑와랑 들 끓는 소리로 어둑해질 때까지 서 마지기 빼 마흔일곱 마지기를 저물도록 십팔십팔 하면서 갈아엎었다

　돈 천마넌이 탁탁 매운내로 장마를 부르고 밀 심고 미리 먹은 외상 장부는 한구절 한고비 꺾어 넘을 때 천마넌이 울고 웃는 인생사로 남았다

　보리타작 끄트머리 유월 열 여드렛날, 십팔일이었다

틈

깨진 주전자 뚜껑을 만들기로 한다
희고 진득진득한 수지樹指
삼나무 한 토막을 물에 넣자
겹겹 시간이 뒤섞인다
물을 갈 때마다 풀려나오는 갈빛
칙칙한 진액을 따라가면
지팡이에 기댄 아버지 가슴을 움켜쥐고
논둑을 위태롭게 걸어온다
벌어지는 논바닥을 몸으로 막은 듯
등 뒤로 못물 가득 찬다
건져 올려 물기를 빼고
말린 다음 물에 넣기를 여러 번
갈라진 틈은 골 패인 세월 같아
목침을 괴고 돌아눕듯 자꾸 휜다
담즙 같던 물이 조금씩 맑아진 건
나뭇결이 수축과 팽창의 끈을 놓을 때
물과 바람이 틈에 관여하지 않자
거친 삼나무 한 조각
이제 묵은 질그릇 뚜껑이 된다

비바람도 뜨거움도 다 지나간 서늘한 가을의 일이다

적매화 피다

허공에 토독 꽃잎 열리는 소리
평화 저수지에 보름달이 잠긴다
물에 잠긴 것이 저 달 뿐이겠냐
둘러앉아 차 마시는 봄밤
찻잔마다 잘 우려진 한 생을 따라줄 때
문득 인디언 수오족이 떠오른다
말을 달리다 가끔씩 멈추어 서서
자신의 영혼을 기다려준다는 부족
잠긴 발목 뼈끝 시린 날을
잘 우려 맑은 차가 되었으니
영혼을 잘 기다려 준 것
이런 날 매화 한 송이 띄우면 좋겠다
운 띄우기 무섭게 나무에 오르는 그녀
매화꽃 아래서 보름달로 꽉 찬
달빛 젖은 궁둥이가
적매화 겹꽃 열리는 찻잔에 자꾸 겹쳐
봄밤을 건넌 달빛
찻잔에서 붉게 피는 중이다

인생은 가끔 삼천포

1

등굣길에 오빠는 잠적했다
이놈의 자슥 들어오기만 해봐라 다리 몽뎅일 확
아버지는 쯧쯧 혀를 차며 마당을 둥당거리고
노란수건을 질끈 묶은 엄마는 윗목에 누웠다
집 앞 삼거리 자전차포에서 삼천리호 자전거를 빌려서
삼천포로 빠져버린 오빠
학교가 있는 소태동을 나 보란듯 지나쳐
너릿재를 올랐을 자전거는
화순 어느 양계장 앞 자갈길에 처박혔다
책가방 속 돌돌 말린 선데이 서울
반라의 여자들은 자갈길에 뒤엉켜 펼쳐진 채
벗겨진 바큇살만 헛돌고
줄행랑 친 오빠는 끝내 보이지 않았다
햇볕 아래 섬광처럼 빛나던 서른여섯 개 바큇살
공중에서 그 바퀴를 주구장창 돌리며
쫓기고 쫓던 오빠와 아버지의 시작은
바로 삼천포

2

드라마 속 싱글맘이 외친다

나쁜 자식 다 너 때문이야
거품을 무는 여자

바큇살이 은빛으로 반짝이던
자갈길도 달달 잘 굴러가던
오빠의 삼천리호 자전거를 그녀에게 주고 싶다
자전거를 타는 순간 걸어 온 모든 길이 지워질거야
세상으로 드나들던 문은 닫히고
스스로를 유폐시킬 수 있지
아듀 아듀 하면서 이정표를 지나야 해
고개마루에 오르거든 바위 끝에 오래 앉아 있어봐
아이두 아이두*
돌무덤 속에서도 아이는 무럭무럭 크고
공중에서 바큇살은 혼자서 잘 돌아가
계획한대로 되어본 적 없는 환장할 약속
공염불도, 바퀴가 씽씽 돌아가는 동안은
휘파람 소리를 낼 거야
인생은 가끔 삼천포로 빠지는 데에 있다고 하잖아
아이두 아이두*

* 싱글맘을 다룬 드라마 제목

봄물 오른 목단

봄눈에 희끗해진 자갈길
투둑 가르며 내려오는 오토바이 한 대
밤뫼아재 허리를 두 손으로 끌어안은 범아짐
출렁이는 목도리 바람을 가르네
그녀의 얼굴 그의 등에 푹 묻혀 지나는 순간
질 나쁜 연애*의 제니스 조플린** 머리카락이
언뜻 섞이곤 하지
빨간 스카프와 함께 헝클어진 금발을
야성의 음이 훑고 지난다네
우리 오라바니가 피는 담배 있잖혀 대낭구 그려진 거 말여
주섬주섬 속주머니 뒤집어 꼬깃한 만 원을 꺼낼 때면
춘설 헤치고 온 발그레해진 봄
광대뼈에 햇살이 통통 튀어올라
여시골의 열아홉으로 돌아가지
점 십원 꽃놀음판에서
우리 오라바니 하고 매조 목청이라도 뽑는 날은
잔솔밭에 휘영청 달 뜨고 봄물 오른 목단도 피어
개진해진 눈 밑에서 풋살구 시절이
부릉부릉 공회전을 일으킨다네
난장이었던 일흔 굴곡도 반듯하게 펴주지
검은 고목에 매화 한 잎이 피고 있다네

* 문혜진의 시.

** 27살에 요절한 미국의 여성 록커

먼 집

　정전이다 뚜벅 뚜벅 계단을 오른다 스물 네 번의 계단참을 돌아야 있는 집 하혈을 시작한 날부터 걷는 것이 힘들다 오르다 멈춘 계단참마다 할머니의 봉초 냄새가 난다 끼니마다 겸상을 밀어내며 등을 보이던 할머니 투전판을 돌던 할아버지가 화투짝을 아궁이에 처넣고 다시는 새벽이슬을 밟지 않을 때도 돌아선 등은 단호했다 잎담배를 말고 화톳불을 뒤집어 함께 불을 붙일 때도 연기 몇 점은 끝내 문턱을 넘지 못하고 웅크린 등에 스며들었다

　사는 일은 반복되는 정전의 순간일까 얼었던 조기는 괴였던 눈물을 흘리고 세탁기의 옷들은 뒤엉켜 서로 목을 누르며 멈췄다 집은 늘 그 자리에 있었을까 돌아앉은 마누라를 향해 탕탕 곰방대를 두드리던 할아버지 독하고 쓴 연기도 등에 배인다 할아버지 상여가 사장나무를 지났을 때야 마룻바닥을 치던 할머니, 소리 없는 곡에 묻어나던 쓰디쓴 담뱃진 한없이 수그러지던 등 외면도 깊어지면 둥그렇게 바닥에 닿는가 지상에서 떨어져 높이 있는 집은 위태롭고 어지럽다 아득하고 먼

　그곳에 할머니의 돌아앉은 등이 있다 둥글어지기까지는 아직 먼 집

끝물

제철 한참 넘기고서야 피운 꽃자리
더 물오름을 할 수 있을까
쪼글쪼글한 꼭지에 매달린 토마토 속살 들여다보다
가쁜 숨 고르던 할머니 바튼 젖무덤을 만났지

꿀에 재인 배즙 수세미 삶은 물도 소용없던 그해
할머니 목구멍에 가래가 들끓을수록
뽕잎을 빠르게 먹어 치우던 누에들
잔기침과 누에 뽕잎 갉는 소리 들끓었지
봉창에 어리는 달빛까지 사각사각 갉히던 밤
사령의 누에는 섶에 올랐네
할머니도 고치 속으로 들어앉았네
평생 뽑았던 실은 명주옷 한 벌
뽕잎 갉던 소리 가래 끓던 소리 끊긴 적막이
저녁 어스름처럼 문지방으로 스며들고 있었지
비등점에서 움트던 고요의 한 끝
모든 끝은
끓어 넘친 후에 오고 있었네

지금은 폭염의 시간
거죽의 물기를 모두 끌어모아

생을 완성하는 것이 또 있네

뒤꼍이 붉다

뒤꼍을 만났다
마른 양파와 마늘을 잘 엮어 걸어둔
양파 껍질이 붉다
담벼락 담쟁이 한꺼번에 켜진 연등이다
풋것의 몸뚱이는 붉은 것을
제 안에 담고 있어
햇빛과 시간이 한 호흡인 시차에
일제히 터져 나왔을 터
허드레 가재도구와 연장들이 뒹굴고 있다
조금 허술하고 흐트러졌으나
쭈그려 앉아 쓰다듬고 싶은 곳

뒷이 없어진 뒤로
마음을 풀어놓는 법 알지 못한다
수습하지 못한 것은 늘 뒤에 있다
많은 말이 남아 있는 뒷
오랜 후에야 되새기는 말
할머니 쑥대머리 타령도
정지 뒷문에서 훔치고 들어오던
엄마의 붉은 눈시울도
장국에 푼 칼칼한 맛의 시작도
붉은 고추장을 퍼온 뒤꼍이고

\>
첫 달거리를 시작한 곳도 과꽃 핀
어느 가을 그 뒤꼍이었다

가볍고 흰

담장 아래 어제가 수북하다고
속수무책 비가 내린다고
캄캄한 날들이라고

밤새 뒤틀린 손으로 쓴 말이다

어둠을 만지작거려 만든 날개는 가볍고 희다
이제 어디든지 하강은 두렵지 않아

마지막을 같이 하는 건 아름다운 일일까
서러운 일일까

함께 늙어가자 네가 말하는 잠깐
사이 참 많은 꿈을 꾸었다

손 흔드는 건 결별이 아니다

내 것이 아니었다는 듯 훌훌
당도하지 않은 마음까지 반송하는 온통
흰 불면이 분분
하늘이 다 우편함이다

\>
꽃그늘 한 켠 지었다 허물면
그것이 길

오독

물과 언어의 기호라는
난해한 그림을 보고 나온 우리는
강둑을 걷는 동안 습한 기호다

너는 앉을 의자를 사오라고 썼고
나는 의자에 앉아라고 읽는다
사 올 의자를 기다리는 너
앉을 의자를 기다리는 나
서로를 오독한다

너는 깃들고
나는 지나쳐간다
꽃은 가장 격렬할 때
몸을 던져 나무를 버린다

길바닥에 붉은 마지막이 낭자하다

다시는 올 수 없으리라는 걸
아는 순간
말은 물이 되고 물은 기호가 된다

매미 목청이 깊다

그림자

벽에 비스듬히 걸린 액자 옆
청동 주물 조각상은
바이올린을 켜고 있다
액자 속 꽃병을 쳐다보면
자꾸 목이 기운다
못 박힌 액자는 음역 밖의 세상
병 속에 꽂힌 꽃은 늘 기울고
마주보는 벽은 비어 있다
날개를 파닥일 때마다
공중은 얇은 깃털로 가득
겨드랑이가 가렵다
갓 자란 날개죽지를 부리로 쪼아본다
피멍 같은 노을 서쪽 하늘에 번진다
꽃병 속 물은 만조의 바다
바람이 현을 끌어 올릴 때
음은 길을 낸다
동굴 끝을 되돌아와서 울리는
아직 해독되지 않은 음
길어진 그림자 눈치채기 전까지는
아직 닿지 않은 말이다

2부

사막여우와 의자

능선을 따라 들리는
서른세 번의 하울링
저물녘 하늘을 향한 울음이
참 쓸쓸하네

목덜미를 쓰다듬고 싶지만
너에게 가는 길을 알지 못하네

혹시, 참나무 신작로를 따라
가만가만 내려오지 않을까

자꾸 의자를 들여 놓네
동쪽 의자에서는 흔들리는 가우라 꽃빛
남쪽 의자에서는 거북돌탑을 휘도는 바람
서쪽 의자에서는 자목련 사이 물의 발바닥

억새꽃 꼬리를 감아올리고 앉아
풍경을 잘근잘근 씹으면
슬픈 허기가 조금 채워질 거야

여기는 초록 소행성
쫑긋 귀를 세우면 달라지는 바람의 결

휙 지나가는 봄을 함께 사냥하자

양 한 마리 그려줄게

이별의 방식

　장판을 걷어내자 흥건하다 한겨울 방바닥을 점령한 물 닦아내고 짜내도 물기는 배어난다 한 번 물을 먹은 바닥은 제 몸의 습을 벽으로 올려 보내 창문 아래 회벽을 벌려놓고 부엌 한 면의 흙벽을 밀어낸다 점점 감당되지 않는 부채처럼 부슬부슬 떨어져 쌓이는 흙 온수 배관은 식었고 수도꼭지는 눈물을 멈추지 않는다 습기는 벽의 단단함을 비웃는다 누수의 흔적은 오래간다

　엇갈림의 시작이다
　물 먹은 마음도 마찬가지 감당할 힘이 없는 쪽이
　먼저 접는 것
　이 이별의 방식은 언젠가
　내가 너에게 던진 것이다

빈 의자

딸깍 인사를 나눠요

몸이 비어가는 거미가 바람에 찢긴 집을 다시 기워요 봄을 망각한 제라늄 꽃잎은 날마다 시들고 날마다 피지요 계절 놓친 수국은 꽃 피운 적 없는 속잎을 또 밀어 올리는군요

철없고 시절 놓친 것들이 나누는 아침인사는

묵묵부답

오늘을 잘 건너가요

찻잔 속 커피향은 고요만큼 깊어요

가끔은, 그러하다

    엎드려 백석을 필사한다 따띠기니, 녕이니, 건반밥이니 생소한 방언의 뜻을 찾다 백석이 사랑했다는 여자 '난'을 따라 고성가도와 삼천포로 빠진다 마른 팔뚝의 샛파란 핏대를 바라보며* 절망하는 사내를 엿본다 아서라 세상사를 들을 유성기도 없는 울화가 개나리 담을 따라 노랗게 피고, 담벼락은 미열이다 목소리 없이 한 생이 건너오는 소리, 봄날의 경계가 허물어지고

    * 백석 「내가 생각하는 것은」

동안거 冬安居

석부작 나무 틈에서 봄과 여름을 살았다
삼복더위는 물 옆에서 나야지
어리연 항아리에 넣어주었는데
오도카니 천대전승 위에 있다
손으로 등을 쓰다듬어도 꿈쩍 않고
아래턱만 불룩불룩 먼산바라기

면벽 중이다

오늘은 흑토이 화분으로 쏙 들어간다
넓적다리가 서서히 갈빛으로 변하고 있다

冬安에 들 모양이다.

뒤집기 어려운 날

1

옆머리 간단해, 뒤집어 말려봐
거울 속 바깥쪽으로 기운 머리카락을 보고서야 젠장,
오래된 습관은 쉬이 바뀌지 않아
익숙해질 때까지 적지 않은 날이 필요 하더군
잊지 않고 거꾸로 물기를 털어내는데 눈물이 찔끔 났지

아기가 몸을 뒤집기까지는 석 달, 열다섯이면 마음을 뒤집고 스물에는 천둥치는 밤을 지나 정신을 뒤엎지 곰이 몸 바꿔 여자가 되는 시간도 백일 여태 사는 일을 뒤집어 볼 생각 없이 밀려왔다니, 방안의 아랫도리가 보이네 화장대 나선형 다리를 지나 지난밤 허물들이 방바닥에 떠있네 거꾸로 읽히는 벽시계의 시침 6과 분침 9 사이 자라는 허벅지

들판에 나가 가랑이 사이로 소를 보았다는 소년, 그의 눈은 어디에 닿았을까 소의 목덜미였을까 따뜻한 배의 안 쪽이었을까 육중한 무게 중심의 시작인 발목이었을까

머리카락을 뒤집어 말리는 중이야

바닥과 천정이 바뀌고 너와 내가 바뀌고
끝은 또 다른 시작이지

2

   시가 되지 않는 날 자꾸 거슬리는 책을 골라내지 야금야금 한 줄 비우고 책장을 뒤엎고 이 많은 생각들 어디서 흘러와 거실을 마구 침범하다 이제는 마음의 짐이 되는가 꺼내도 줄어들지 않는 자꾸자꾸 바닥에 쌓여 난삽한 행간이 되는

   앓음은 차라리 놔야 하는 것
   잘라내고 꿰매야 할 환부
   마음 한쪽 들어내야 살 수 있는 날
   생각의 단행본들 헤집는 중이야

   그대는 말하지
   낯선 것은 오래된 것에서 태어난다고
   새로움은 금방 낡아간다고
   전복은 사물의 밖이 아니라 사유 안에 있어
   시를 뒤집으라니깐

   빗속을 뚫고 사라진 말, 문장과 문장 사이 녹슨 철문 손잡이는 매번 삐그덕 쇳소리로 질러가고 날은 어두워지는데 결코 테드휴즈의 여우는 오지 않는 밤

적막을 옮기다
— 공재 윤두서 자화상 앞에서

거울을 들여다본다
탕건이 잘리더니
걸쳤던 관복이 간 곳 없고 오늘은 귀가 사라졌다

아니다, 버린 것이다

탕건을 자르고 옷을 벗자 서로 다름이
처마 끝 낙숫물 다른 골을 흘렀는데
사립 밖 도랑에서는 한물이다
대숲을 흔드는 비바람 마음까지 쓸어가지는 못했으니
문 밖 푸른 빗소리를 듣는다

거울 속을 들여다본다
두 눈을 부릅뜬다
형형하게 들어차는 빛, 저 눈빛
가슴에 묻은 이들이 하나 둘 걸어온다
어떤 이는 피가 묻었고 어떤 이는 봉두난발이다 달려갈 수 없으니
꼿꼿한 송곳으로 돋아 수사자 갈기처럼 뻗친 수염

귀가 사라졌으므로

＞
두려운가
어두운 다락에서 좀이 슬어 퀴퀴한 묵은 종이로 남는 것이
종내는 흔적도 없이 세상에서 지워질 목소리가
매일 밤 거울 앞에서 쥐의 털을 고른다 빳빳하게 한 치 어긋남 없이
내리그어야 할 선, 쥐털을 묶는다

또렷해지는 세상의 소리
빛의 깊이를 꿰뚫어 줄 것인가
붓끝은 육척 몸 날리며 달려가야 할 길 열어 줄 것인가
깊은 밤 거울을 들여다보며 수염을 그린다

뼛속까지 배어든 적막을 옮긴다

텅·빈·길
— 모딜리아니 몽파르나스의 전설

텅

빈, 눈을 마주 본다. 광대뼈 사이의 어둠 들여다볼수록 벽에 부딪혀, 되돌아오는 동굴의 바람 같은

빈

방, 침대 끝에 앉는다. 벽의 시계는 멈췄고, 초침은 분침을 더 이상 쫓지 않아 둥근 배를 두 손으로 받쳐 든 여자 눈 속에 들어찬 먹빛

길

은, 당신의 눈 너머에서 열리는가 눈빛은 일그러지고 창 밖은 어둠 감당할 수 없는 폭염이 어서 거리를 통과하기를 광고판을 메고 거리를 떠돈 사내와 밀려든 주문을 받느라 입술이 바튼 알바생의 캄캄한 눈 문득 당신의 눈과 닮았다고 생각하는 저녁

아직 영혼에 닿지 못한 사람들 집으로 돌아간다
너무 투명해서 캄캄한 동공들

섣달, 삭힌 반데기*는

　보름 동안 물에 담겨 있던 쌀에서 분홍 탕이 올라온다 겨울 추위를 맨 처음 밀고 올라오는 꽃빛 곯을수록 감칠맛을 낸다고 한다 더 깊이 들어가 제 안의 끈기를 **빼내며** 붉어지는 참 잘 곯았다 한다 곯은 시간을 민다 더 곯은 아낙들이 둘러앉아 넋두리를 섞어 산자 바탕을 미는 섣달 잘 삭은 입담도 함께 밀려서 뜨끈한 구들장을 진다 그믐께 달궈진 기름 속에서 순간 매화꽃으로 부풀어 오르는 곯고 찌고 치댄 후 말린 날들 저 연하고 아삭한 감칠맛은 그래서 곯아도 썩지 않고 잘 삭은 시간의 골편이다

　* 한과를 만들기 위해서 제일 먼저 하는 작업으로 불린 찹쌀을 가루 내어 쪄서 얇게 밀어 건조한 것

봄 벚꽃 그리고 너*

벚꽃 피면 꽃구경 가자
턱받이를 둘러주며 새끼손을 쥐어준다
근력 없이 스르르 빠져나가는 손
꽃이 지고 있는 걸요 몇 번째 꽃이 피었다 졌는지 몰라요
방바닥엔 흘리는 침과 밥알이
떨어지는 꽃잎만큼이나 수북해요
말없이 방바닥을 걸레로 훔쳐낸다
휠체어를 꺼내야겠어
무릎 담요를 덮으면 그리 춥지 않을 거야
그러지 말아요 이미 봄은 몸을 빠져 나갔는걸
창문을 열어도 누룩 뜬내는 가시지 않는다
주저앉기 위해 얼마나 걸어왔는지
발바닥에 눌려 짓물린 시간이 얼마나 쌓였는지
그건 중요하지 않아 씻어내면 꽃잎이니까
너의 손끝에서 떨리는 꽃잎을
목덜미에서 미끄러지는 햇살을
꽃잎을 바라보는 눈빛을
오래오래 새겨 두어야 하잖아
봄 벚꽃 그리고 너를
깊숙한 곳에 꽃다발처럼 묶어 놓고 싶어

* 에피톤 프로젝트 피아노 연주곡

여름 끝에 서다

맴. 맴. 맴. ㅁ. ㅁ. ㅁ.

첩첩산중 계곡에서
듣는 울음
사각 안의 어둠과
네 벽면을 부딪쳐서 만든
정확한 음절
돌 한 장을 들어내듯 맴에서
받침 하나를 허물고 싶다
간간이 매듭이 풀리는 눈물
어디로 흘러가나
어둡고 습한 유충의 기억이
완벽한 음절로 만들어내는 공명

저 울음의 무게
흐르는 물은 알고 있다
계곡 아래로 함께 쏟아진다

비로소 한 획이 열린다

여름의 끝이다

꽃의 행방

담장 아래 목련꽃
머리 풀어 수북하고
십 리 길에 꽃잎 흩날린다

어지러운 하루를 끌고
꽃 무덤 속으로 들어간다
꽃빛 속 감춰진 잎맥은
캄캄한 그늘
지는 것들의 행방이 묘연하다

걷고 또 걸어도 저물지 않는 봄밤

다다른 꽃의 관에
제 몸이 어둠인 줄 모르는
그림자 하나 와락 달려든다

쓰다듬어도 절망은 절망이다

깊은 밤중 문득 깨어
날선 칼날에 스윽
손마디 베이기도 한다

낮달이 분꽃에게

날이 저물자
담장 아래 분꽃 흐려지고
장독 옆 감나무 가지도 지워져
어둠 한 덩어리 덩그러니

해 들면 눈 떠지고
때 되면 밥 한술 넘어가고
낮달맨키 앉아 있어도 우째 밤은 날마다 올끄나
잠자듯 가야할 건디

잎과 꽃 구별이 없어지고
바다와 하늘 회색으로 허물어지듯
살고 죽는 것을
어느 날 문득으로 말하는 그녀

창에 어른거리는 그림자
낮달 엄마인지
분꽃 딸인지
시든 분꽃 주름 속에
검은 씨앗이 한 움큼

안녕, 사라진 날개

헐렁한 공간이 주는
담백함을 전달했음에도

정적은 힘든 거야

대문 앞으로 배달된
앵무새 한 쌍

쪼그리고 앉아
흩어지는 솜털을 바라보며
안녕·안녕·안녕
휘파람을 분다

싹트지 않는 둥근 모음
부리 속에 사람 말은 없다

불편한 동거도 시간이 지나면
묘한 울타리가 되는 어느 날

새가 보이지 않는다

둥지를 뒤집어도

바닥을 들여다봐도
깃털 하나 보이지 않는

안녕, 정도는 할 수 있다더니

흔적도 없이 사라져버린
초록빛 날개

3부

봄, 한나절 잘 놀았습니다

산책을 하다
나무둥치 하나 만났습니다

살아 온 흔적을 버리고
텅 비어 있는 등걸
머물다 지나간 계절을

곰곰 헤아리다
둥치를 끌고 내려왔습니다

따라 온 봄볕
납작한 돌에 앉히고
양쪽 귀로 넣어둔 소라껍데기

바람이 스며서 숨이 되었는지

어느 봄날
꽃망울 품고 푸르러져
구름과 구름 사이 핀다는 천상의 꽃들과

희고 붉은 한나절 잘 놀았습니다

꽃의 그림자

바람이 달려가며 꽃 한 송이 떨어뜨렸어
뱉어지지도 않고 삼켜지지도 않는 말, 나무는 몸으로 뱉네
꽃은 떨어지면서 그림자를 지워내지
서서히 바래가는 꽃잎의 지층
사이로, 바람이 드나들 때
탱글한 살구 시디신 과육 밑자리에

제 그림자를 장사 지내는 꽃잎

월식

구름이 달을 품고 있는 중이다
벌어진 구름의 입 속으로
달이 막 들어가고 있을 때 바람이
만들어 놓은 송곳니 하나
달을 아삭 깨문다
구름이 달을 제 안으로 당겨 넣는다
먹어도 줄어들지 않는 달
잇자국 하나 없는 달
구름이 목구멍을 넘어갈 때도
달은 부서지지 않는다
심장에서 울렁거릴 때도
내장을 훑고 지나는 동안에도
구겨지지 않는 달
서로의 품속으로 들어갔으나
둥근 몸은 일그러지지 않고
구름의 실핏줄 또한 터지지 않는다
산도와 같은 어둔 길을 잘 빠져나온다
구름 끝자락이 달의 가장자리를
가만히 쓸어 올려준다
빛은 묻히지 않는다
온전한 보름달이다

토란 밭에 한 송이 연꽃이

길을 잘못 들어 산중턱을 돈다
가도가도 휘어진 다랭이 밭
무릎걸음으로 납작 엎드린 할머니
밤새 끙끙 앓을 일만 남았다
됐다고마, 살면 얼마나 살긴데
풋고추 몇 개로 뜨는 저녁 밥상
저문 어스름빛이 저승꽃 핀 손등을
동무처럼 어루만지기도 하겠거니
구부렁한 생각 따라 가는데

붉은 연꽃 한송이가 밭 가운데 피어난다

연방죽이 있을 리 만무한 천수답
물결처럼 쓸려갔다 밀려오며
갸웃 보이는 붉은 연등 하나
알토란을 까무룩히 품고 있다

뜨거운 연밥 한 그릇
고봉으로 지어 올리는 중이다

봄날

벚꽃 지나 봄볕 속으로
구부렁구부렁 지도에 없는
길을 따라 그대에게 간다

그대의 집은 사월의 초록
지번 없는 지천의 꽃들
허공에 지어진 집

계절 끝에서 열리는
지상에 없는 길

죽방렴

작은 섬마을에 왔다
수면 위 일정한 간격의 말목은
들러붙은 굴딱지로 거칠다
밑둥은 작살처럼 물바닥에 꽂혀 있지만
깊이를 가늠하기란 어렵다
자리그물 속 빨라지는 지느러미와 꼬리의 파장
찢긴 물비늘만 멀리 데려가는 물살
어디에도 없는 출구
파닥이며 닿는 곳은 바닥이다
물결 위로 서녘빛이 잠겨온다
망막 뒷편이 어둡고 시리다
쓸려가거나 밀려오는 물그림자
물목을 따라 가두리에 드는 순간
돌아갈 길이 보이지 않는다
등 굽은 언어들이 멍줄에 걸린다
걸음을 옮길 때마다 굽은 허리처럼
길도 같이 휘어진다
물목이 꽂힌 것인가
뺄 수도 없는
작살 꽂힌 마음이
한없이 구불어지고 있다

한계령

흰 바람이다 싶더니
몇 구비 능선을 넘자
휘몰아치는 눈보라
아득해지는 하늘, 헛도는 바퀴
순식간에 눈보라에 갇힌다

꼬리를 물고 엉킨 점멸등
시간은 더디 가고
어둠은 한 번의 붓질로
칠흑이 된다

SOS를 보낸다
관할 관청도, 보험사 긴급출동도
이 밤 한계령 눈보라 속으로
들어오는 것을 망설인다

길이 끊어지는 순간
꿈꿀수록 멀어지는 목록이 떠오른다
안나푸르나, 잉거스, 프린스에드워드

눈밭 속에 엉거주춤 엉덩이를 깐다
진저리치며 내달리는 오줌발

흰 눈 속 난지도가 분분
여기까지가 한계라고

함부로 눈을 꿈꾸는 게 아니었다

오천항* 공무도하가

길이 끝나는 곳에는 바다가 있다
더 이상 갈 수 없으니 돌아서 가렴
끝내거나, 돌아갈 수밖에 없는 길은
언제나 비경悲景이다
모래뻘에 찍힌 백수광부의 발자국이
비틀비틀 바다로 향하고 있다
술병에서 들리는 소리
공후 뜯는 소리인지 비파 소리인지
입속에 모래가 가득 씹힌다고 생각했을 때
파도가 몽돌을 씻기고 천천히 돌아섰다
공무도하, 이제 나는 공후인이 아닌데
공무도하, 자꾸 공후에 가락을 넣으라는 건지
광부의 뒷모습은 비경悲景 속에서 점점이 섬이다
물수제비처럼 떠가는 공후의 음율
그 어디쯤에 나를 버리면
오천항은 또 하나 길로 열리려나
공무도하, 더 이상 공후인은 없어
돌아 나오는 것만이 길
저 푸른 바다 옆구리 지나
낡은 방으로 돌아오는 것이다

* 국도 7호선 종점

구강포의 밤

어릴 적 물에 빠진 적 있다
눈 밑에서 넘실대던 시퍼런 물결
두려웠던 것은 물의 깊이가 아니라
흘러 바다에 이르는 것이었다
죽음보다 더 쓸쓸할 것 같았던 망망함
달빛 없는 밤 구강에 왔다
찰지고 깊다는 이곳의 갯벌
무성하게 웃자란 갈대
울혈처럼 깃든 새의 깃도
볼 수 없는 어둠
마음으로 더듬으며 간다
아홉 갈래의 물줄기가 지나오며
길을 만든 사구들
물줄기는 움푹 꺼진 살 밑바닥을
에돌아 흐르고 있다
어찌해 볼 수 없는 날을
구강의 밤바다에 부린다
정강이를 적시는 서늘한 물
썰물과 함께 빠져나가는 시간
조금물 갯바닥
염기 품은 바닷길만 하얗게 남았다

달빛 없이도 환하다

새의 발바닥에 노을이

온몸 밀어 길을 낸 흔적들
갯벌 숨구멍들은 제 호흡을
수습할 겨를이 없다
밑바닥 맨살을 그대로 다 드러냈다

물결이 은빛으로 쓸리는 해질녘
미처 빠져나가지 못한 검은머리물떼새
발목이 잠긴 채 서 있다
시린 물 아래 발목, 발자국, 발자국들

끝내 닿지 못하는
흐르고, 흘러서 패인 골을 빠져나가는
시간을 묶어두지 못한다
고스란히 속살에 옮겨 적는 갯벌

서성이는 하루를 꾹 눌러
새기는, 새의 발바닥에 노을이 묻었다

연기암 간다

빗줄기가 빗장을 걸거나
햇살 유혹에 길을 바꾸어
어긋나기만 하던 곳

저물어 가는 사람의 일과
꽃 지는 내력이 그 숲 어디쯤에
만화경처럼 펼쳐있으리
잠결에 산죽 스치던

봄. 여름. 가을 문턱까지
귓볼에 바람 일던 화엄의 숲

가을 깊어서야 간다

열두 폭 푸른 능선
구겨진 마음을 다림질 하는
아흔아홉 골 닮은 여인이
산그늘 머릿수건을 고쳐 매고
섬진강 물빛을 찍어
계단참에 새기는 중이다

적寂. 멸滅

우포늪

밤새 확인하지 못한 소식을 연다
까슬한 눈 속으로 날아오르는
한 무리의 큰부리기러기떼
깊이를 알 수 없는 바다을 가졌다는
늪의 아침
저렇게 가볍게 박차고 오르다니

물도 아니고 뭍도 아닌 곳
세상이 젖을 때 온몸으로 물을 받아들였다가
지상의 물기가 다 빠져나갔을 때
제 몸의 물을 조금씩 흘려보낸다고 하니
허우적거린 날들은
통째로 빨려드는 늪이었을 터

일제히 날아오르는 새떼가
흩뿌려 놓은 안개 사이로
물살의 속도로는 건널 수 없는 강
쪽배 하나 천천히 밀려오고 있다

소인 없이 당도한 우포늪

날개를 묻다

어디로 가는지 묻지 말자
자꾸 불어나는 물줄기
거세진 물살에 휩쓸려 떠내려갈 뿐
어루만질 수 없는
마음 한쪽을 들어내
빗속 갈밭 아래 묻는다
발목이 젖고 등이 젖고
에둘러 온 날이 젖는다

살아가는 일은
일그러지는 제 그림자를 안는 것
쓸쓸히 앉아 심장을
쪼아 먹는 것

소화강 다리 아래
상한 영혼을 묻는다
당신이 쓰러뜨린 산까치집
눈뜨지 못한 열두 마리
새끼 까치의 젖은 목젖

더 이상 날지 못하는 우리들의
날개도 함께 묻는다

봄은 미열

꿈속에서 몇 줄 이력을
편지처럼 쓰다 지우네
정해진 것은 아무것도 없다고 쓸 때
막 흐드러지기 시작한 개나리
어지럼증으로 흐려졌지
달아오른 이마를 짚어준 건
스무 살의 여린 내 손
꽃샘바람과 솜 볕이 시차 없는 날
잔고 없이 개수만 많아진
통장 같은 관계를 끌고
간이역 명봉에 다시 서네
젊음이 각혈처럼
입안을 가득 메우지

봄은 이마에 식은땀 흘리는 첫 멀미
흙 한 삽 깊게 떠서 뒤집는 마음고랑
쉬이 내리지 않는 미열

오늘도 스물 하나

너는 항상 스물 하나
살을 도려내도 괜찮아
아릴수록 반올림 높게

너는 누군가의 진공막
낯선 음들이 잘 익어
퐁 터질 때까지
발효된 음이 달달해질 때까지
내밀한 공기를 꽉 잡아주지

참나무의 울음이
문장을 성큼성큼 건너
아홉 해가 지나면

다시 자라 스물 하나

유유히 강물로 헤엄쳐 가는
남빛 지느러미

오늘도 스물 하나
다 자라도 스물 하나

— 변영희 시인의 〈크로크 물고기〉에 부쳐

나비, 꿈속에 들다

《입실 금지》 중환자실 앞
문이 열리고
흰 시트 덮인 병상 하나
뒤따르는 오열로 지나갈 때

이곳은 갈림길

손잡을 새도 없이 닫혀 버린 문
손등 한 번 쓸어줄 걸
두고두고 목울대에 걸리던 말

임종이 가까워서야 잡은
손은, 희고 차가웠다

밤송이 떨어지 듯, 툭
세상 밖으로 건너간 아버지

텅 빈 허공 앞
촛불 하나 켠다

억새꽃 언덕을 따라
흰 나비 머물다

날아간 자리

꿈처럼 깊다

4부

수몰

동네는 텅 비었다
열꽃 올라와 검붉은 딱지투성이 철문
녹슨 문을 밀자 수북한 망초가
허리께를 넘는 마당
토방 오르는 짧은 길 잃은 적 있다

이삿짐을 싸면서 하필 그 꽃이 생각나는지
망초가 성하면 망할 징조라고
호미 날에 망을 달고 살던 당골아짐
손놀림 느려질 때 곱씹던 타령조
나떠나면피고지고나인냥님반겨라
떠도는 소리꾼 지아비 뒷품에도
누룩 같은 시간이 흰 담을 둘렀다
묵힌 땅 어디든 까치발로 피는
흰 머릿수건 같은 꽃
그 번성의 욕망이 섬뜩한 것은
돌아오지 못하는, 돌아올 수
없는 마음에 기대어 꽃 피운다는 것

짐을 뺀 방은 묵은 거미줄과 되울림만 남았다
머지않아 섬뜩한 습이 삐거덕 대문을 열고
껌껌하게 밀고 들어올 마당

삼거리 능수버들

불빛 화려한 가게들 사이에 낀
낮은 간판의 허름한 식당
소주 한 잔에 삼겹살이 생각나면 찾는 곳
작은 방 이리 트고 저리 덧대고
기름때 쌓인 탁자는 끈적이지만
손님은 넘친다
굽은 손가락 같은 문지방 넘나들며
고기 접시와 야채를 나르고
양념과 상치를 보충하는 것은
여전히 여주인의 몫
쥔장은 오늘도 계산대와 붙박이다
의자와 한 몸인 그가 몸을 일으킬 때는
주문한 고기를 썰어야 할 때
스위치 올려 굿거리 타령 한 대목을 뽑는다
지글지글 삼겹살 구워지고
왁자지껄 부딪히는 소주잔
바빠지는 주방 안 손놀림
부산해지는 잰걸음
여기요~ 술렁대는 손님들 사이로
만사 심드렁한 쥔장 눈길은
기름 연기 희끄무레한 TV 화면
천안 흥타령 능수버들에 박혀있다

쿨한 김여사

1

작년 시안에 왔는디
날 따맷해지믄 영감님 손잡고 오라하듬만
봄 되면 같이 갑시다 혔는디
몸져 누워부렀단 말이요

영감님 구급차 태워
큰 병원으로 보내고 잰걸음으로
의료보험 유리문을 민다

삐뚤삐뚤 *김·영·춘* 눌러쓰며
같이 올라고혔는디 그 새 아퍼부렀다요
여기 저기 호스 꽂고 살아 뭐한다요
살만치 살았으믄
나 고생 덜하고 자슥들 걱정 덜 시키고
죽는 것도 복이지

연명치료 거부 신청을 하고 나온 김여사
미장원에 들린다

언능 안 풀리게

짱짱하게 말아주시요잉

2

새벽 전화벨이 울린다
영감님이 찾는다는 전갈
부랴부랴 모인 자식들과
병상 옆에 앉은 김여사

새끼들 건사하느라 고생 많이 했소
자슥들 다 잘 지내고 증손자까지 봤으니
이만하믄 부모 도리 잘 한거요

편하게 먼저 가서 있으시오
나는 쬐깨만 더 살다가 따라 갈랑게요

죽음복도 잘 타고 나야 쓴단디
이렇게 힘이 들어서 으쩨야쓰께라이

3

팔십 평생

은행에서 돈을 찾아본 적도
장 봐서 버스 타고 들어가는 것도
안 하고 살아 온 김여사

영감님 몸져눕자

제일 먼저 승용차를 팔았다
예금지급청구서 쓰는 것을 배우고
주민증, 현금, 통장, 도장을 모두 넣어
불룩해진 전대주머니를 차고

여전사가 되었다

첫차 타고 읍내에 나와
병원 가고, 마트 가고
색칠 그림 배우고 요가도 한다

마을회관 들러 점 십 원 화투를 치다
할매들과 왁자지껄 이른 저녁까지 먹고
보행기 밀며 돌아오는 것이
하루의 루틴

>
빈 차고에는
김여사 파란 별무늬 보행기가
저녁별 보다 먼저 반짝인다

아악목

보름동안 물을 주지 마세요

약속은 어긋나고
뻐꾹 벽시계 시침이 되돌아오는 시간
아그네스 발차의 노래*를 들으며

강가 꽃집으로 가요

마사토 대신 나룻배에 비명을 담고
무겁고 아린 약속은 돛을 만들지요
여덟 시에 떠나는 카테리니행 기차를 기다리는 동안
물 한 모금 없이 사막을 건너는
한 마리 낙타가 보이기도 해요
밤이 되어도 오지 못하는 당신을 위해
11월의 바람은 불고
함께 나눈 시간들은 밀물처럼 멀어져요
사라지는 기적소리처럼 오후가 슬퍼질 때

강가 꽃집으로 가요

지나친 관심과 사랑은 독
황량과 건조함이 익숙해서

제 안의 수분만으로 충분하답니다

보름동안 마음을 잘 말려주세요

* 기차는 8시에 떠나네 ― 테오도라키스

점·점·점에서

루피너스, 파스텔 톱풀, 피노키오 과꽃
핀셋으로 집어도 잘 잡히지 않는
까맣거나 희뿌연 점들

침침한 눈 부비며
물에 불린 지피펠렛*에
씨앗을 넣는다
점 하나로는 알 수 없는
꽃들의 얼굴

상상하는 기쁨은
기다림의 바닥에 말을 거는 것
귀를 열어 듣는 최대치의 음파

하루 이틀 사흘
떡잎이 올라오기까지
어둠 속 안간힘을 다독인다

잘 나올 수 있어
환해질 수 있어

나도 모르게

내 안의 어둠에게 말을 하고 있는 나

* 압축배양토

꽃 기별

연못가를 서성이며
청년이 수화기 너머로
꽃소식을 전하는 중이다

아~~즈근 덜 피어~~셔~~
삼~~부느 일~~팍에 안 피어~~어~~슨게
다~다~음주에 오~~믄~~되~~야~~

이리저리 몸을 트는 배롱나무처럼
몸과 손을 뒤틀어 전하는
끊길 듯 이어져
매미 울음처럼 번져가는
말과 말 사이

멀리서 꽃소식을 기다리는 마음에
달뜬 파장을 일으켜
새벽길을 달려오게 할

느~~리~~게
붉어지고 있는 기별

뭇별에 길을 잃다

밤이 깊도록 소백산 옆구리에
별들이 쏟아진다
사장나무를 지나 옥수수 밭가를 지나
왔던 길 되짚어 온 것뿐인데
어디서부터 어긋난 것일까
단박 찾을 것 같던 별자리
밤하늘에서는 뒤섞인 점들이다
북두칠성 아래 하나 더 있다는 여덟 번째 별
견우와 직녀의 사랑을 가로지르는
제우스의 백조도 찾을 수가 없다
별과 별 사이를 선으로 그어본다
데네브의 삼각형이 아니다
연필의 흔적처럼
눈으로 눌러 그은 선은 흔적이 없다
흔적 없는 길을 더듬으며 걸었을 뿐인데
돌아보니 마을의 불빛은 저 아래에 있다
오싹한 한기가 뒷머리를 세운다
잘못 들어 되돌아선 길이
손바닥 잔금보다 많았던 것
별이 이야기의 시작이었는지
이야기의 시작이 별자리였는지
걸음은 길목을 오래 에돌고 있다

콩 고르는 아버지

아버지가 콩을 고른다
개다리 소반에 콩 한 종가리 부어놓고
침침한 돋보기 너머로
썩은 콩, 거친 콩, 맨들하니 잘 생긴 콩
열 손가락 더듬이 만들어 콩을 줍는다
여름에 폭삭 내려앉은 콩깍지 그냥저냥
밭에 썩혀버리라고 한참 역정내다
으짜, 그래도 떨기만 하면 돈사서 된장 쑤는 것보단 나을 건디
두 말 가웃을 쌓아놓고 종일 눈 박고 있는 엄마 마뜩잖아 하더니
오늘은 조신하게 마누라 앞에 앉아 콩을 고른다
썩은 콩은 거름더미에 붓고
거친 콩은 아쉰대로 장 담그고
동글동글 여문 콩 내년 씨앗으로 남기게 잘 골라요
뒷소리 들어가며 왕년에 백구두 아버지가 콩을 고른다
무뎌진 손 척척 침 발라 골라도 여문 놈은 한 줌도 안 되는
저물어가는 삶을 개다리소반 위에 굴린다
나 총각이요 주렁박 같은 자식 숨기던 일
얼른 주워 바가지에 던지고
세어보니 살뜰하게 살아본 날이
씨앗받이 여문 콩보다 더 적다

썩은 콩 뒷거미에 버리고는
굽은 어깨죽지 오므리며 뱉는 헛기침
앞마당 국화 화들짝 놀라
때 이른 꽃대 밀어 올리고
여름 끝자락이 콩 위로 내려앉는다

아버지 따륵따륵 우기에 썩힌 생을 고른다

알알이 박힌다는 것은

울울창창 유월
날마다 손가락 한 마디쯤 자라
알속이 할 틈이 없다

그대로 너를 묶는다

모시수건을 든 아이는 오지 않고
해진 손수건으로는 닦이지 않는
격자무늬로 단단해진 등

땡볕이 칠월을 새겨 넣는다

검붉게 박히거나
잘 삭아 발효되거나
뭉그러진 흔적이 되어도

기웃거리는 까치 부리질은
봉지 밖의 일

바람 속 듣는 빗줄기는
일야구도하*의 저녁 물소리 같은 것
젊은 날이 묶이는 어둠

>
알알이 네가 박힌다는 것은

* 연암 박지원 『열하일기』 중 하룻밤에 아홉번 강을 건넌 이야기

거미, 집을 기워야 해

꽁무니를 연다
숨은 띠에 매달려
깃털을 뽑는 두루미처럼
어둠으로 뭉친 내장을 꺼내는 시간

짜올린 집은 그래도 촘촘할거야

어미가 만든 한 가닥 거미줄
세상에 던져졌을 땐
가슴판 누런 줄무늬로 하루를 녹여야
끈끈한 그물이 된다는 걸 몰랐지

뱃속까지 투명했으므로

날것들 비명이 가득하던
그믐밤 노동의 두께는
바람 보다 가벼워

흔들리는 두어 가닥의 밥줄

다시 집을 기워야 해
육각 그물에 걸려든 바람 끝을 잡고

무성한 소리 흘러 보내는 세로줄
빗방울도 안을 수 있는 가로줄

밥줄을 기워야 해
내장 다 비워질 때까지 항문을 열고
호랑거미로 살아가기 위해선
촘·촘하게
촘·촘·촘

가을 밥상

불타는 나무들
서로 간격이 벌어질 때까지
옆구리를 자꾸 털어내는
잎은 헐거워진 단어

절 마당 한 켠
비어 있는 식탁에
노랗고, 붉고, 갈빛으로 정갈한

누가 이렇게 밥 한 상을 잘 차렸을까

고흐의 어둑한 식탁 감자 한 알을
물든 서녘 빛에 올려놓고
슬쩍 숟가락을 얹고 싶네

달빛 안부

새벽달이 창에 들었다

철 지난 수국 지나
계절 없는 제라늄 따라
발자국 소리 없이
꽃과 가로등과 그림자 속으로
밤새 걸어 온

그믐 같은 방 궁금했을까

내다보니 마을 불빛은
걸어온 만큼, 거리에서 깜박이고
이슬 젖은 들은 고요하다

떠나온 지점은 잊기로 하자

어둠 깊어지면
이리 환한 걸

헤아려보니
시월 보름

배롱꽃 지면

내가 죽거든
무덤 따위는 만들지 마
매끈한 허리에 매달려
배롱배롱 웃을 거야
뒤틀린 발등 내려다보며
쓰다듬지 못한 등에 기댈 거야
각혈하듯 울컥 피어서
석 달 열흘쯤은 피어서

당신을 안아 줄게
당신을 키워 줄게

흩날리는 약속 무더기로 지고
삼천 번 쯤 발을 헛디뎌야
삼천갑자를 돌아야
닿을 수 있다는 그곳

둥그런 말

주먹을 꼭 쥐고 온
첫 울음이 둥글다

먹을 때도
쌀 때도
잘 때도
주먹을 꼭 쥔 울음

그 많은 울음을 해석하느라
전전긍긍하는 낮과 밤사이
가끔 둥근 웃음이 되는

울음이 옹알이로
낯을 익히는 음으로
눈을 맞추는 둥그런 음절로

손에 잡힌 것은 뭐든 둥근 맛
새로운 것은 둥글게 쥐어보는

가만히 잡아 보면
짱짱한 힘도 둥글다

따뜻하다

청개구리 카일

가위바위보 개굴
가위바위보 졌다

쏙 내미는 손바닥에
놓인 연초록 잎 하나

막 나온 다리로 착착
창을 오르는 스파이더맨
츄파춥스 단맛 뽑기 하느라
손에서 잠깐 놓여난 순간
홀리페페 잎으로 폴짝 들어가더니
두 눈을 끔벅

한 주가 지나도 그 자리
봄이 가도록 그 자리
모서리 창과 화분 안에서
태어난 웅덩이를 잊은 걸까

아이가 가리키는 손가락 끝에서
시작되는 술래잡기
딱 붙은 초록 등이 맑다
가위바위보 카일

가위바위보 여기 있어

여름이 깊을 때까지
아이가 지어준 이름 카일

해설

오래된 미래의 시간을 걸어가는

이승희 시인

오래된 미래의 시간을 걸어가는

이승희 시인

 우리는 아는 것만 알고 있으며, 모르는 것들은 모른다. 그래서 한 사람의 세계는 그가 아는 모든 것들의 총합이 된다. 그러나 시는, 시인은 그렇지 않다. 아는 것을 이어 붙여 모르는 곳으로 가기도 하고, 아는 것 없이도 모르는 곳에 닿기도 한다. 아는 것의 끝에는 모르는 것이 이어져 있지만 모르는 것은 이미 알고 있는 어떤 것일지도 모른다. 그러나 반대로 우리가 알고 있다고 생각한 것들 속에서 무수하게 모르는 것을 만나기도 한다. 그래도 우리는 살아간다. 다 알 수 없는, 해독되지 않는 삶의 모습과 비의秘義들을 수락하고 내면화하면서 끌어안고 살아간다. 익숙하지만 낯선 것이 있고, 오래되었으나 낯선 것이 있다. 어쩌면 이것은 알고 모름의 문제가 아니라 시간의 흐름에 따라 우리가 새롭게 받아들이고 스스로 흘려보내는 모든 것들의 이야기

일 수 있다. 하주자 시인의 시에 나타나는 모든 대상물과 시적 정황들은 그러한 시인의 내면이 만나거나 부딪혀서 발생하는 새로운 감각의 세계로 가득하다.

무엇을 견딘다는 것은 끝내 놓을 수 없는 무엇인가를 쥐고 있다는 것이며, 그것으로부터 변화되는 세계의 흐름을 두 눈을 뜨고 지켜본다는 것이다. 그러나 때로는 그러한 견딤이 스스로 내적인 변화를 일으켜 세계와 다른 방식으로 만나는 결과가 나타나기도 한다. 이런 만남 혹은 부딪침은 주체의 동일성을 바탕으로 반응하게 되고, 이것이 행복 또는 슬픔의 공유라는 방식으로 드러나기도 한다. 하주자 시인은 이러한 시간의 흐름을 견디면서도 그러한 견딤이 고정되고 무조건적인 것만은 아니라는 것을 잘 보여준다. '견딤'의 모습을 잃지 않으면서도 변화의 모습들을 어떻게 내면화하고 끌어안는지를 새로운 소통의 방식으로 제시하는 것이다. 그럼에도 기본적으로 '견딤'의 자세가 유지되는 것은 시인과 세계의 어긋남 때문이다. 그 어긋남으로부터 자신을 찾아가는 여정이 삶의 모습이기 때문일 것이다. 여기에서 주목할 것은 그러한 '견딤'이 주체적 동일성을 유지하면서도 단절의 방식이 아니라 내면화하고 때로는 주체화하려는 모습으로 나타나고 있다는 데에서 그 특징적 세계를 찾아볼 수 있다는 점이다.

멸실의 시간을 건너가는 발자국

'멸실'의 사전적 의미는 물품이나 가옥 따위가 그 효용을

상실할 정도로 파괴됨을 뜻한다. 멸실은 어떤 재난적 상황에 의해 갑작스럽게 발생하기도 하지만 시간의 흐름에 따라 아주 오랜 시간에 걸쳐 천천히 생기기도 한다. 또한 형태 있는 것들만이 아니라 형태가 없는 마음의 문제에서도 멸실은 생겨나기도 한다. 자연스럽게 시인의 시 세계에서의 멸실과 폐허는 실제적 대상이면서 동시에 시인의 세계 속에서 변화에 대한 반응과 견딤이라는 시적 태도와 의식으로 나타난다.

일반적으로 서정시의 보편적 방식인 세계와 나의 동일성은 하주자 시인의 시에서는 동일성과 동시에 세계와의 어긋남과 차이를 드러내는 방식으로 전개되고 있다. 특히, 어긋남으로부터 발생하는 변화와 차이에 극렬한 거부감을 보이기보다는 안쓰러운 마음으로 끌어안으려는 태도를 보인다. 이미 변화한 것, 이미 단절된 것 역시도 그것 자체를 받아들이고 이해함으로써 주체적 태도를 유지하는 동시에 세계를 넓혀가는 방식이 되는 셈이다. 한편, 이러한 멸실은 기본적으로 시간으로부터 비롯되고 있는 것으로 보인다. 사실 시간은 과거로부터 현재, 그리고 미래라는 시간으로 자연스럽게 연결되어 있지만 시간의 흐름에 따라 우리는 변하고, 우리의 세계도 변한다. 지나간 시간을 되돌릴 수는 없지만, 그런 시간의 연속성을 통해 시인이 만나고 찾으려 하는 것은 무엇일까.

누가 물의 흔적을 이렇듯 잘 포개 놓았나

한 겹도 겹치지 않은

규화목 옹이 흔적이 선명하다
기억 지층마다 돋을새김이다

설레는 고백이거나 기쁨의 무늬
돌이킬 수 없는 저녁 쓸쓸한 그림자의
마음속 파도까지 켜켜이 새겨진
화석 가득한 섬

격렬한 날들이 지나간 퇴적층일수록
선명하다는 파도의 결

용암처럼 뜨거운 화인도
층층 결이 될까
얼마나 깊고 긴 호흡으로 다듬어야
물결자국 선연한 연흔이 되는가

지상에서는 사라졌으나 아직도 뚜렷한
시간을 받아 새긴 경전 한 편

물의 발자국들 저물도록 읽는다
―「물의 발자국」 전문

  시간은 흘러 지나가는 것이라 해도 그 흔적은 고스란히 남는다. 시인은 한 개인이며 하나의 세계라고 할 때 시인에게 시간은 지나가는 어떤 것이 아니라 그 흔적 속에서 자신의 기원을 찾고 되새기려 한다. 그것은 지금의 나를 찾기

위함이며, 이어지는 나의 존재성에 관한 확인이기도 하다. 그래서 지난 시간을 본다는 것은 지난 것에 대한 얽매임이 아니라 과거와 현재를 통한 새로운 미래의 세계를 바라보려는 태도로 보아야 한다. "한 겹도 겹치지 않고 스쳐 간 내력/ 규화목 옹이 흔적이 선명하다/ 기억 지층마다 돋을 새김이다"처럼 과거는 지나간 것이 아니라 지나간 대로 고스란히 남아있으며, 그 자체로 새로운 세계의 가능성을 열어주기도 한다. "격렬한 날들이 지나간 퇴적층일수록/선명하다"를 통해 알 수 있는 부분이다. 그리하여 "지상에서는 사라졌으나 아직도 뚜렷한/ 시간을 받아 새긴 경전 한 편"이 되는 것이다.

이러한 시각은 시집 전반에 걸쳐 나타나고 있으며, 시인은 스스로 과거로부터 현재까지의 동일자로서, 동시에 과거를 바라보는 타자로서 합쳐지고 분열되며 대상을 바라본다. 하주자 시인에게는 이러한 삶의 현장이 바로 자신의 존재의 현장이기 때문이다.

봉창에 어리는 달빛까지 사각사각 갉히던 밤

사령의 누에는 섶에 올랐네

할머니도 고치 속으로 들어앉았네

평생 뽑았던 실은 명주옷 한 벌

뽕잎 갉던 소리 가래 끓던 소리 끊긴 적막이

저녁 어스름처럼 문지방으로 스며들고 있었지

비등점에서 움트던 고요의 한 끝

모든 끝은
끓어 넘친 후에 오고 있었네

지금은 폭염의 시간

거죽의 물기를 모두 끌어모아

생을 완성하는 것이 또 있네
—「끝물」부분

겹침과 나뉨으로의 시간

　존재로서의 기원을 탐구하는 일은 그것의 너머를 바라보려는 데 그 이유가 있을 것이다. 그것이 미래일 수도 있고 존재의 확장성일 수도 있을 것이다. 과거와 현재는 그런 부분에서 서로 다르지 않으며, 이미 있는 것에서 시작하려 알지 못했던 세계로의 진행을 의미한다. 어쩌면 잊고 지냈던, 어떤 이유로든 잊혀졌던 것들을 새롭게 들춰내고 찾아내는 것이 그것의 실천적 방법이 될 수 있다. 따라서 지나고 사라진 것들은 잊혀지고 지금은 없는 것이 아니라 새로운 완성으로 새로운 세계로 시인과 만나게 되는 것이다. "모든 끝은/ 끓어 넘친 후에 오고" 있었다는 새로운 인식이 그러하고, "거죽의 물기를 모두 끌어모아// 생을 완성하는 것"이 있음을 깨닫게 되는 것이다. 따라서 과거는 존재의 기원이 되는 동시에 미래의 새로운 길이 되는 경험을 하게 된다. "잠긴 발목 뼈끝 시린 날을/ 잘 우려 맑은 차가 되었으니/ 영혼을 잘 기다려 준 것"(「직매화 피다」), "조금 허술하고 흐트러졌으나/ 쭈그려 앉아 쓰다듬고 싶은 곳"(「뒤꼍이 붉다」) 등 많은 시편에서 그러한 성찰을 만나게 된다. 이러한 성찰은 역시 또 다른 힘으로 현재를 밀어 알 수 없는 미래 혹은 우리가 모르던 어떤 곳에 닿는 힘이 되기도 한다. "너는 깃 들고/ 나는 지나쳐간다/ 꽃은 가장 격렬할 때/ 몸을 던져 나무를 버린다"거나 "다시는 울 수 없으리라는 걸/ 아는 순간/ 말은 물이 되고 물은 기호가 된다"(「오독」)처럼 의미 있는 성찰의 힘으로 현재 너머의 세계를 탐구하는 것이다.

>날이 저물자
>담장 아래 분꽃 흐려지고
>장독 옆 감나무 가지도 지워져
>어둠 한 덩어리 덩그러니
>
>해 들면 눈 떠지고
>때 되면 밥 한술 넘어가고
>낮달맨키 앉아 있어도 우째 밤은 날마다 올끄나
>잠자듯 가야할건디

잎과 꽃 구별이 없어지고
바다와 하늘 회색으로 허물어지듯
살고 죽는 것을
어느 날 문득으로 말하는 그녀

창에 어른거리는 그림자
낮달 엄마인지
분꽃 딸인지
시든 분꽃 주름 속에
검은 씨앗이 한 웅큼
— 「낮달이 분꽃에게」 전문

"어느 날 문득"이라는 말 속에는 얼마나 많은 시간과 회한이 담겨 있을까. 정말 몇 번의 폐허와 눈물과 태어남이 있어야 이렇게 고요하게 말할 수 있을까. 그렇지만 이렇게 고요한 회한은 이미 지나간 과거이기 때문에 그저 주어지는 것이 아니다. 시인은 지나간 것, 사라진 것 역시 유효기간이 지난 무엇이 아니라 그것을 바라보고 끌어안는 시선에 따라서 지금의 현재를 움직일 수 있는 강력한 힘을 갖고 있다는 것을 잘 알고 있기 때문이다.

살고 죽는 것조차 '문득'이라면 그 문득 안에 숨겨진 온갖 것들의 이름과 삶은 지워지고 사라진 것이 아니라 온전히 그 안에 남아있다는 말이지 않을까 싶다. 엄마와 딸의 관계처럼 과거에서 현재로, 현재는 다시 과거가 되어 또 다른 현재로 이어진다는 것. 결국 그렇게 이어진다는 것 자체는 변하지 않음을 "시든 분꽃 주름 속에/ 검은 씨앗이 한 웅큼"을 통해 발견하게 되는 것이다. 이를 통해 보면 시인에게 있어서 과거는 현재를 넘어 새로운 미래와 강력하게 이어지고 있음을 알 수 있다. 이것은 단순히 그렇다가 아니라, 많은 시편에서 존재의 근원에 대한 탐구로 자주 사용되기 때문이기도 하다. 과거의 소환이 두드러지는 이유가 여기에 있지 않을까 싶다. 다만, 시인이 소환하는 과거는 오늘의 자신과 존재가 상실한 것들을 반추하면서 내면의 힘으로 승화시키려 한다는 점을 주목할 필요가 있을 것 같다. 따라서 시인의 시편들에서 나타나는 과거는 과거만의 형태로 나타나지 않으며, 현실의 공간과 하나로 연결된다. 이렇게 만난 두 공간은 서로 겹쳐지거나 혹은 각각의 모습으로 존재하면서 새로운 현실을 보여준다는 점에서 주목해 볼만하다.

    구름이 달을 제 안으로 당겨 넣는다

    먹어도 줄어들지 않는 달

    잇자국 하나 없는 달

    구름이 목구멍을 넘어갈 때도

    달은 부서지지 않는다

    심장에서 울렁거릴 때도

내장을 훑고 지나는 동안에도

구겨지지 않는 달

서로의 품속으로 들어갔으나

둥근 몸은 일그러지지 않고

구름의 실핏줄 또한 터지지 않는다

산도와 같은 어둔 길을 잘 빠져나온다

구름 끝자락이 달의 가장자리를

가만히 쓸어 올려준다

빛은 묻히지 않는다

온전한 보름달이다
— 「월식」 부분

이해해야 진심으로 작별할 수 있다

월식은 달의 일부 또는 전체가 지구의 그림자에 가려서 보이지 않게 되는 현상을 말하는데, 시인에게 있어 시간의 흐름도 이같은 현상이 종종 일어난다. 과거와 현재는 서로를 끌어당기고, 끌어안으며 겹쳐졌다가 다시 과거와 현재로 나누어진다. 강력하게 겹치거나 이어져 있으면서도 서로를 상처 내지 않으며, 오히려 겹침을 통해 서로의 상처를 이해하려는 태도에 가까운 시선을 보인다. "서로의 품속으로 들어갔으나// 둥근 몸은 일그러지지 않고// 구름의 실핏줄 또한 터지지 않는다// 산도와 같은 어둔 길을" 잘 빠져나오는 것이다. 이것은 시인이 자신의 존재성을 과거의 기원으로부터 찾으려는 모습으로 볼 수 있으며, 이 세계의 어긋남에 대항하는 주체의 동일성을 자신의 방식으로 유지하려는 방법으로도 볼 수 있을 것이다. 이를 통해 하주자 시인은 오히려 현재의 삶을 꿰뚫는 예리한 성찰을 할 수 있게 된다. 멸실되어 사라진 것 혹은 과거의 시간 속으로 사라지려는 것들 속에서 저마다의 역사를 읽어 냄으로써 어쩌면 '오래된 것이 새로운 것이다'라는 역설의 시학을 펼쳐 보이고 있다. 멸실의 폐허 속에서 존재를 찾는 탐구를 통해 세계가 파괴한 것들을 되살려내고, 지금의 존재와 근원에 대한 의미 있는 발견을 통해 서정적 주체로서의 자신을 세워가는 작업이 아닐 수 없다. 더불어 시인의 특별함은 과거의 시간이 이러한 존재성의 확인에만 머물지 않고, 오히려 지나간 과거를 진정으로 과거로 돌려보낼 수 있는 힘을 얻는다는 것이다. 비로소 작별할 것들과 작별할 수 있는 것이다.

담장 아래 어제가 수북하다고
속수무책 비가 내린다고
캄캄한 날들이라고

밤새 뒤틀린 손으로 쓴 말이다

어둠 만지작거려 만든 날개는 가볍고 희다
이제 어디든지 하강은 두렵지 않아

마지막을 같이 하는 건 아름다운 일일까
서러운 일일까

함께 늙어가자 네가 말하는 잠깐
사이 참 많은 꿈을 꾸었다

손 흔드는 건 결별이 아니다

내 것이 아니었다는 듯 훌훌
당도하지 않은 마음까지 반송하는 온통
흰 불면이 분분
하늘이 다 우편함이다

꽃그늘 한 켠 지었다 허물면
그것이 길이다
— 「가볍고 흰」 전문

'현재'라는 것이 가능할까? 현재는 계속해서 흘러가는 것일 뿐, 멈춰있는 것이 아니기 때문이다. 지난 것이, 사라진 것이 오직 그런 것만일 수 없는 이유다. "담장 아래 어제가 수북하다", 지금도 끊임없이 지나가는 중이다. "속수무책 비가 내"리듯, "캄캄한 날들"이다. 그럼에도 지금의 존재를 가능케 했던 것의 근원은 지금이 아닌 과거에 있고, 또 다른 미래 혹은 또 다른 지금으로 가려는 존재는 과거를 지나가야 한다. 마음으로 놓아주어야 한다. 그것은 그 시간과의 단절이 아니다. 오히려 기억하지 못하는 것이 단절이다. 마음으로 이해하고 받아들여서 놓아주는 것은 이어져 있음을 깨달은 자의 내면의 힘이다.

  우리는 늘 세계와 조금씩 어긋나 있고, 경우에 따라 그 엇갈림이 심화하기도 한다. 어떻게 나의 동일성을 지켜갈 것인가의 문제는 모든 사람의 공통된 질문일 것이다. 하주자 시인은 과거와 현재, 미래라는 심연에 자신만의 시선으로 선명하고 아름다운 그늘을 펼친다. 이미 지나간 것이 새로운 미래가 될 수 있다는 발견을 통해 익숙하지만, 새로운 현재성을 만들어 낸다. 이러한 발견을 통해서 시인은 "손 흔드는 건 결별이 아니다// 내 것이 아니었다는 듯 훌훌/ 당도하지 않은 마음까지 반송하는 온통/ 흰 불면이 분분/ 하늘이 다 우편함이다// 꽃그늘 한 켠 지었다 허물면/ 그것이 길"이라는 놀랍고 아름다운 자신의 세계를 만들어 내는 것이다. 더불어 이러한 시인의 세계가 더욱 놀라운 것은 시인의 세계를 온전히 서 있게 하는 내면의 힘에서 찾을 수 있다. 대상을 측은한 마음으로 끌어안고 이해하려는 태도, 이를 통해 싸움이나 타협이 아닌 포용적인 세계관을 보여주기 때문이다.

하 주 자

하주자 시인은 전남 장흥에서 태어났고, 2013년 『애지』로 등단했다. 『물의 발자국을 읽는다』는 그의 첫 번째 시집이며, 하주자 시인은 과거와 현재, 미래라는 심연에 자신만의 시선으로 선명하고 아름다운 그늘을 펼친다. 이미 지나간 것이 새로운 미래가 될 수 있다는 발견을 통해 익숙하지만, 새로운 현재성을 만들어 낸다.

이메일   narchis2@naver.com

하주자 시집

물의 발자국을 읽는다

발 행	2025년 11월 15일
지은이	하주자
펴낸이	반송림
편집디자인	반송림
펴낸곳	도서출판 지혜, 계간시전문지 애지
기획위원	반경환
주 소	34624 대전광역시 동구 태전로 57, 2층 도서출판 지혜
전 화	042-625-1140
팩 스	042-627-1140
이메일	eji@ji-hye.com
	ejisarang@hanmail.net
애지카페	cafe.daum.net/ejiliterature

ISBN 979-11-5728-597-6 03810
값   12,000원

이 책의 판권은 지은이와 도서출판 지혜에 있습니다.
양측의 서면 동의 없는 무단전재 및 복제를 금합니다.

City of Nobel Literature
노뻴 문학도시 장흥

* 이 책은 장흥군이 지원하고, 장흥문화원이 주관한 2025한국문학특구포럼 장흥작가 발굴 작품집 발간 작가로 선정되어 제작되었습니다.